Anwendung der Sprechakttheorien auf die politischen Dipinti in Pompeji. Beeinflussende Sprache im Wahlkampf

Bibliografische Information der Deutschen Nationalbibliothek:

Die Deutsche Nationalbibliothek verzeichnet diese Publikation in der Deutschen Nationalbibliografie; detaillierte bibliografische Daten sind im Internet über http://dnb.d-nb.de abrufbar.

ISBN: 9783346479464
Dieses Buch ist auch als E-Book erhältlich.

Vom Lokalpolitiker bis zum Werbeprofi - Anwendung der Sprechakttheorien auf Wahlkampfdipinti in Pompeji

Fach: philologisch-hermeneutisches Profil, Politik (GMK)

Abgabedatum: 29.01.2021

1. Einleitung

Bisher existiert noch keine umfassende Aufzählung und schon gar keine ausführliche Analyse von politischen Dipinti aus der verlorenen Stadt Pompeji, obwohl dies ein äußerst interessantes Thema ist. Durch diese Aufzeichnungen aus einer alten, so gut konservierten Welt können wir in genau diese zurückblicken und durch einfache Wandmalereien zurückverfolgen, wie damals die politische Lage war, wen die Menschen wofür gewählt haben. Die sozialen Strukturen in dieser verlorenen Gesellschaft können so wieder aufgedeckt werden. In dieser Arbeit möchte ich untersuchen, *wie sich diese Menschen, die dort auf den Wänden Werbung gemacht haben, ausgedrückt haben und ob ihnen dies einen Vorteil bei der Wahl verschafft hat.* Vom Lokalpolitiker bis zum Werbeprofi - sie alle haben Werbung an den Wänden Pompejis gemacht und damit ein Stück der antiken Gesellschaft festgehalten.

Das Ziel dieser Arbeit ist es, die politischen Dipinti in Pompeji aufzuführen, zu analysieren und die Sprechakttheorien auf sie anzuwenden. Daraus kann man erkennen, ob die Politiker (oder ihre Werbemaler) schon Merkmale beispielsweise perlokutiver Sprache verwendeten. Damit ist gemeint, ob man damals schon versuchte mit besonderer Sprache und Formulierung Menschen bei ihren politischen Entscheidungen zu beeinflussen.

Als Hauptquellen werden die Bücher „Glücklich ist dieser Ort!" von Vincent Hunink, herausgegeben im Reclam Verlag, „Botschaften aus dem alten Rom" von Karl-Wilhelm Weeber, herausgegeben im Herder Verlag, und „Decius war hier..." ebenfalls von Karl-Wilhelm Weeber, erschienen im Artemis & Winkler Verlag, von mir angegeben. Ich werde mich im ersten Kapitel auf die Sprechakttheorien nach Searle und Austin beziehen.

Im ersten Kapitel werden die Sprechakttheorien zum besseren Verständnis dieser Arbeit erklärt und im zweiten Kapitel wird das politische System in Pompeji erläutert. Darauf folgt eine Liste einiger politischer Dipinti aus Pompeji samt Übersetzung und Analyse. Im Fazit wird die Fragestellung anhand der vorherigen Kapitel beantwortet.

Diese Arbeit wird keine Aufzählung und Analyse aller politischer Dipinti liefern können, allerdings werden einige politisch-pompejanischen Dipinti aufgezählt und analysiert, die sich in den genannten Büchern oder in Internetquellen finden lassen.

2. Die Sprechakttheorie nach Searle und Austin

Nach den Sprechakttheorien von Searle und Austin, nach denen ich hier die Dipinti analysieren werde, gibt es fünf (teilweise auch sieben) Sprechakte: den Äußerungsakt, den propositionalen

Akt, den illokutionären Akt, den perlokutiven Akt und den lokutiven Akt. Der illokutionäre und der perlokutive Akt sind bei Searle den Sprechakttheorien von Austin gleich.

Der Äußerungsakt

Äußerungsakte sind die grundlegende Basis zum Kommunizieren. Sie geben an, ob die Äußerung in Lauten, Worten oder Sätzen grammatikalisch wohlgeformt ist, und somit für das Kommunizieren gedacht[1]. Sie sind also nur zur sprachlichen Äußerung da. Ein Ausdruck wie „Oh" oder „Aua" ist demnach nicht wohlgeformt und ist nicht für die Kommunikation sondern für eine Reflexhandlung entstanden. Auch solche Ausrufe, die nicht zur Kommunikation dienen, sind unter anderem Äußerungsakte[2].

Der propositionale Akt

Der propositionale Akt beinhaltet eine Aussage über etwas (Eine Aussage über die Welt)[3]. Der propositionale Akt gibt die Bedeutung der Äußerung an. Dabei werden bei ihm zwei Teilakte unterschieden: Der Referenzakt und der Prädikationsakt[4]. Dabei sagt der Prädikationsakt aus, über wen oder was man die Aussage macht[5] und der Referenzakt stellt den Bezug her[6]. Beispielsweise der Satz: „Das Haus ist schön.", der Prädikationsakt sagt aus, dass der Sprecher eine Aussage zu dem Haus macht. Der Referenzakt sagt dagegen aus, dass sich das „schön" explizit auf das Haus bezieht, er stellt die Verbindung her. Zusammen ergeben sie den propositionalen Akt.

Der illokutionäre Akt

Der illokutionäre (bei Austin: illokutive) Akt drückt eine Frage, Bitte, Warnung, Empfehlung, Drohung oder ähnliches aus, also eine in der Sprache vollzogene Handlung (Die Sprache wirkt

---

[1] Sprechakte Überblick, https://www.teachsam.de/deutsch/d_lingu/pragm/sprec_1.htm, Seite 1, am 11.12.2020 um 8.58 Uhr

[2] Ebd. Sprechakte Überblick, https://www.teachsam.de/deutsch/d_lingu/pragm/sprec_1.htm, Seite 1, am 11.12.2020 um 9.03 Uhr

[3] Ebd. Sprechakte Überblick, https://www.teachsam.de/deutsch/d_lingu/pragm/sprec_1.htm, Seite 1, am 17.12.2020 um 21.20 Uhr

[4] Ebd. Sprechakte Überblick, https://www.teachsam.de/deutsch/d_lingu/pragm/sprec_1.htm, Seite 1, am 17.12.2020 um 21.21 Uhr

[5] Prädikationsakt (Deutsch), https://www.wortbedeutung.info/Pr%C3%A4dikationsakt/, Seite 1, am 27.12.2020 um 11.15 Uhr

[6] Referenzakt (Deutsch), https://www.wortbedeutung.info/Referenzakt/, Seite 1, am 27.12.2020 um 11.16 Uhr

wie eine Handlung)[7]. Beispielsweise ist die Aussage „Hiermit trete ich zurück" im illokutionären Sinne eine Handlung, da durch diesen Satz der Rücktritt des Sprechers durchgeführt wird. Searle unterscheidet bei diesem Akt zwischen fünf Unterarten[8]:

→ assertive – Kommunikation einer Überzeugung (Bsp.: feststellen, vermuten, bestreiten, beschreiben)

→ directive – versucht den Empfänger zum Ausführen einer Tat zu bewegen (Bsp.: befehlen, beeinflussend fragen)

→ commissive – der Sprecher verpflichtet sich zu etwas (Bsp.: Schwur, versprechen, verpflichten)

→ expressive – ein emotionaler, persönlicher Ausdruck (Bsp.: danken, begrüßen, beglückwünschen)

→ declaration – Deklaration, eine Handlung durch das Sprechen (Bsp.: Hochzeit (Hiermit erkläre ich Sie zu Mann und Frau), Ritterschlag (Hiermit schlage ich Sie zum Ritter))

Der perlokutive Akt

Der perlokutionäre (bzw. perlokutive) Akt beschreibt das Erzielen einer Handlung durch die Sprache, die über den illokutionären Akt hinaus geht und vor allem andere Personen betreffen soll, wie zum Beispiel überzeugen, verärgern oder trösten[9]. Dieser Akt soll also als Weiterführung des illokutionären Aktes Beeinflussungen beinhalten und bezieht sich somit vor allem auf performative Sprache. Weiterhin behauptet Austin, dass man zwischen zwei Instanzen des perlokutionären Gesamtaktes unterscheiden müsse. So gibt es den Sprechakt an sich, also die

---

[7] Der illokutionäre bzw. illokutive Akt (Sprechakttheorien), https://de.wikipedia.org/wiki/Sprechakttheorie#2._Der_illokution%C3%A4re_bzw._illokutive_Akt, Seite 1 (Kapitel 2.1.2), am 29.12.2020 um 13.32 Uhr

[8] Illokution bei Searle (Illokutionärer Akt), https://de.wikipedia.org/wiki/Illokution%C3%A4rer_Akt#Illokution_bei_Searle, Seite 1 (Kapitel 1), am 29.12.2020 um 13.34 Uhr

[9] Krifka, Prof. Dr. Manfred: Sprechakte, https://www.google.com/url?sa=t&rct=j&q=&esrc=s&source=web&cd=&ved=2ahUKEwj_vajWkPPtAhXS26QKH aPRDccQFjABegQIBxAC&url=http%3A%2F%2Fwww.sfs.uni-tuebingen.de%2F~gjaeger%2Flehre%2Fss07%2FsemantikPragmatik%2Fsprechakte.pdf&usg=AOvVaw2ZdZ1z6lQ g5M0a02Zxw6GI, Seite 10 und 15, 29.12.2020 um 15:49 Uhr

Formulierung, genannt perlokutionärer Akt, und die Auswirkung des Gesprochenen, genannt perlokutionären Effekt[10]. Insofern kann der perlokutive Akt scheitern, indem der perlokutionäre Effekt nicht den Zielen den Sprechers entspricht. Als Beispiel: Der Sprecher sagt: „Bringst du bitte den Müll raus!", damit erhofft er sich, dass der Hörer den Müll hinaus bringt, wenn dieser nun allerdings nicht den Müll hinaus bringt und zum Beispiel „Nein" sagt, dann ist der perlokutionäre Effekt das der Müll nicht vom Hörer raus gebracht wurde. Damit ist der perlokutionäre Akt gescheitert.

Der lokutive Akt

Der lokutive Akt (auch lokutionäre) befasst sich mit der Äußerung eines Satzes, also mit der Grammatik, Formulierung, etc. [11] Der lokutive Akt sagt beim Satz „Das Haus ist blau." dementsprechend aus, dass es ein Subjekt (Das Haus), ein Prädikat (ist) und ein Attribut (in diesem Fall blau) gibt.

3. Das politische System in Pompeji

In Pompeji gab es, anders als in den meisten Teilen des römischen Reiches ein regelrechtes Wahlfieber: Pompeji hatte wie ca. 2000 weitere Städte das Recht zur Selbstverwaltung, es gab eigene Lokalämter die denen in Rom ähnlich waren.[12]

Politische Ämter

Als oberstes Gremium fungierte die *ordo decurionum* (Stadtrat), sie fungiert wie der römische Senat auf Lokalebene und bestand aus 100 Dekurionen, allerdings war die Mitgliedschaft erkaufbar, daher werden wir wahrscheinlich nicht viele Dipinti für das Amt eines Dekurionen vorfinden.[13] Weiterhin gab es zwei Aedile *(aediles viis aedibus sacris publicis procurandis),* deren

---

[10]Der perlokutionäre bzw. perlokutive Akt (Sprechakttheorien),
https://de.wikipedia.org/wiki/Sprechakttheorie#3._Der_perlokution%C3%A4re_bzw._perlokutive_Akt , Seite 1 (Kapitel 2.1.3), am 29.12.2020 um 16.04 Uhr

[11] Krifka, Prof. Dr. Manfred: Sprechakte,
https://www.google.com/url?sa=t&rct=j&q=&esrc=s&source=web&cd=&ved=2ahUKEwj_vajWkPPtAhXS26QKH aPRDccQFjABegQIBxAC&url=http%3A%2F%2Fwww.sfs.uni-tuebingen.de%2F~gjaeger%2Flehre%2Fss07%2FsemantikPragmatik%2Fsprechakte.pdf&usg=AOvVaw2ZdZ1z6lQ g5M0a02Zxw6GI, Seite 15, 29.12.2020 um 21:05 Uhr

[12] Verlag Herder (Hrsg.): Weeber, Karl-Wilhelm: Botschaften aus dem alten Rom. Die Besten Graffiti der Antike, Freiburg in Breisgau, 2009², Seite 122

[13] Verlag Herder (Hrsg.): Weeber, Karl-Wilhelm: Botschaften aus dem alten Rom. Die Besten Graffiti der Antike,

Amtszeit ein Jahr andauerte und die für die öffentlichen und sakralen Gebäude / Plätze sowie für Straßen, Märkte, die Getreideversorgung, die Organisation der Gladiatorenspiele und das Vorgehen gegen Spekulanten zuständig waren. Sie hatten noch ein Hilfsgremium, die *servi publici* (Sklaven im öffentlichen Dienst).[14] Dann gibt es noch zwei Duumvirn für die Rechtsprechung, die die Judikative darstellten. Ein Duumvir musste mindestens einmal Aedil gewesen sein. Sie besetzten den Vorsitz des Gemeinderates (*ordo decurionum*), setzten seine Beschlüsse durch und gaben dem örtlichen Jahr ihren Namen. Bei den Dipinti zu diesem Amt wird sehr oft der Name Marcus Holconius Rufus fallen, er war fünf mal Duumvir.[15]

Weiterhin gibt es noch die *duumvirn quinquennales* (Fünfjahres-Männer). Sie wurden, wie der Name schon sagt, alle fünf Jahre gewählt und auch für diesen Posten musste man schon einmal Aedil gewesen sein. Sie sind, wie die römischen Censoren, sie waren dafür zuständig, die Bürgerlisten zu überprüfen, zu aktualisieren, die Bewohner in Vermögensklassen einzuteilen und die Stadtratsmitglieder auf moralische Eignung zu überprüfen.[16]

Wahlkampf in Pompeji

Der Wahlkampf in Pompeji beschränkt sich größtenteils auf drei Medien: Wahlkampfreden, Dipinti (oder Graffiti) und Finanzierungen. Wir beschränken uns hier allerdings auf die Dipinti, diese bestanden meistens leider nur aus dem Namen des Kandidaten und manchmal auch noch mit dem Zusatz „bitte wählt" oder „ich schlage … vor!". Das heißt: Der Name ist mehr Werbung als der Inhalt.[17] Diese Theorie stützt auch der Fakt, dass selbst bei den Dipinti mit Inhalt der Name das am größten Geschriebene ist. Wir werden uns hier nur denen widmen, die einen weiteren Inhalt haben, allerdings werden wir auch von diesen inhaltslosen Gruppen einige Vertreter mit aufnehmen. Dadurch gibt es auch so unglaublich viele Wahlkampfdipinti in Pompeji: 2800 kann man heute noch sehen, bei den ersten Ausgrabungen im 19. Jh. waren es über 3000. Von diesen 2800 bekannten Dipinti stammen die meisten aus dem Jahr 79, dem Jahr des Vulkanausbruches.

Freiburg in Breisgau, 2009², Seite 122

[14] Verlag Herder (Hrsg.): Weeber, Karl-Wilhelm: Botschaften aus dem alten Rom. Die Besten Graffiti der Antike, Freiburg in Breisgau, 2009², Seite 125/126

[15] Verlag Herder (Hrsg.): Weeber, Karl-Wilhelm: Botschaften aus dem alten Rom. Die Besten Graffiti der Antike, Freiburg in Breisgau, 2009², Seite 126

[16] Verlag Herder (Hrsg.): Weeber, Karl-Wilhelm: Botschaften aus dem alten Rom. Die Besten Graffiti der Antike, Freiburg in Breisgau, 2009², Seite 126/127

[17] Verlag Herder (Hrsg.): Weeber, Karl-Wilhelm: Botschaften aus dem alten Rom. Die Besten Graffiti der Antike, Freiburg in Breisgau, 2009², Seite 122/123

In diesem Jahr wurde sich wahrscheinlich eine große Wahlschlacht geliefert.[18] Die Kandidaten hatten sich allerdings für ein schwierig zu erwerbendes Amt beworben. Denn in Pompeji waren politische Posten sehr beliebt. Schon Cicero sagte zu dem Vater eines angehenden Politikers: *Romae, si vis, habebit, Pompeis difficile est.* (In Rom wird er das, wenn du willst, erreichen, in Pompeji ist es schwierig).[19]

4. Liste politischer Graffiti mit Auswertung und Übersetzung

In diesem Kapitel werden die politischen Dipinti analysiert. Da die verwendete Quelle nach Themen sortiert ist, behandeln einige nacheinander folgende Dipinti ein bestimmtes Thema (Nachbarschaftsunterstützung, Frauenpower, etc.). Weiterhin lasse ich den lokutiven Akt weg, da er sich nur mit dem Satzbau beschäftigt, und daher für diese Arbeit uninteressant ist. Auch beziehen sich die Anwendungen auf die Sprechakttheorien auf die deutschen Übersetzungen, da es kein solches Verfahren für die lateinische Sprache gibt. Nun die Tabelle mit den Sprechakten, den Dipinti und den Quellen:

Lateinisches Dipinti (original)	Deutsche Übersetzung	Äußerungs- akt	Propositio naler Akt	Illokutionäre r Akt	Perlokutionärer Akt	Quelle
Variam aed(ilem) vicini.	Die Nachbarn unterstützen Vatias Wahl zum Aedil.	Der Satz ist grammatikali sch wohlgeformt und wurde wahrscheinli ch zur Kommunikat ion „auf Augenhöhe" genutzt, darauf lässt die Kürze und Knappheit schließen.	Der Satz sagt aus, dass die Nachbarn des Vatia seine Wahl unterstützen und ihn auch wählen. Weiterhin dient er als Aufruf, sich den Nachbarn anzuschließ en, da diese wissen, wie der Kandidat „tickt", da	Im illokutiven Akt würde ich den Akt als Empfehlung einordnen, die der directiven Unterart zuzuordnen ist, da man offensichtlich mit der Aussage zur Wahl dieses Kandidaten auffordern möchte.	Der Satz ist ein beeinflussender Satz, das liegt allerdings weniger an der Sprache, als am Inhalt. Es wird indirekt dazu aufgefordert den Kandidaten zu wählen, auch wenn nicht direkt das Wort „wählen" vorkomm t, stattdessen ein performatives „unterstützen".	Verlag Herder (Hrsg.): Weeber, Karl-Wilhelm: Botschaften aus dem alten Rom. Die besten Graffiti der Antike, Freiburg in Breisgau, 2009², Seite 131

[18] Verlag Herder (Hrsg.): Weeber, Karl-Wilhelm: Botschaften aus dem alten Rom. Die Besten Graffiti der Antike, Freiburg in Breisgau, 2009², Seite 122 - 124

[19] Verlag Herder (Hrsg.): Weeber, Karl-Wilhelm: Botschaften aus dem alten Rom. Die Besten Graffiti der Antike, Freiburg in Breisgau, 2009², Seite 128

			sie dauerhaft in seiner Nähe sind.			
Casellium aed(ilem) vicini rogant.	Die Nacharn bitten darum, Casellinus zum Aedil zu wählen.	Auch dieser Satz ist grammatikalisch wohlgeformt. Allerdings ist er eher eine indirekte Aufforderung, die als Bitte getarnt ist.	Die Aussage ist, dass die Nachbarn es Casellinus darum bitten, ihn als Aedil zu wählen und ihn wahrscheinlich auch selbst wählen werden.	Dieser Satz ist ebenfalls der directiven Unterart zuzuordnen, allerdings ist dieser Satz noch direkter performativ als der letzte.	Dieser Satz richtet sich direkt performativ an jeden, der an dem Graffiti vorbei geht und es liest. Es ist auf jeden Fall beeinflussend, wenn auch bittend, soll es trotzdem beeinflussen.	Verlag Herder (Hrsg. Weeber, Karl-Wilhelm Botschaften aus dem alten Rom. Die besten Graffiti der Antike, Freiburg in Breisgau, 2009², Seite 131
Trebium et Gavium aed(iles) d(ignos) r(ei) p(ublicae) oro vos faciatis Vicini.	Bitte wählt Trevius und Gaius zu Aedilen. Sie haben es verdient, die öffentlichen Interessen zu vertreten.	Die beiden Sätze sind grammatikalisch wohlgeformt, der zweite Satz bezieht sich auf den ersten, indem er ihn begründet.	Die Aussage ist, dass der Verfasser dieses Dipinti der Meinung ist, dass die hier beworbenen Kandidaten Trevius und Gaius es verdient haben, das öffentliche Interesse, in Form vom Amt der Aedilen, zu vertreten.	Man könnte dieses Dipinto als eine Mischung der Unterarten assertive und directive bezeichnen: Zum einen wird beeinflussend darum gebeten, die Kandidaten zu wählen, zum anderen wird eine eigene Überzeugung kundgetan, und sogar begründet.	Durch dieses Dipinto soll, mit einer recht schwammigen Begründung, für mehr Wähler für die beiden Kandidaten gesorgt werden. Es ist also beeinflussend. Aber auch von der Sprache her werden hier (vielleicht absichtlich) positive Begriffe, wie „öffentliches Interesse vertreten" in Verbindung mit den beiden Kandidaten gestellt, was zu einer positiveren Einstellung der Menschen zu den Kandidaten führen kann, da sie sich durch diese verstanden fühlen.	Verlag Herder (Hrsg. Weeber, Karl-Wilhelm Botschaften aus dem alten Rom. Die besten Graffiti der Antike, Freiburg in Breisgau, 2009², Seite 131
(Hyp?)saeum quinq(uennalem) d(ignum) r(ei) p(ublicae) vicini volunt.	Die Nachbarn wollen Hypsaeus als Quinquennal haben. Er	Ein Satz, grammatikalisch wohlgeformt. Der erste	Die Aussage ist, dass die Nachbarn des	Ich würde diesen Satz am ehesten der asservativen	Der Satz ist, so wie die meisten anderen auch, performativ und indirekt beeinflussend, das	Verlag Herder (Hrsg. Weeber, Karl-Wilhelm Botschaften aus dem alten Rom. Die besten Graffiti der Antike,

	verdient es, die öffentlichen Interessen zu vertreten.	Satz ist eine Aussage und eine indirekte Auffordrung, den zweiten Satz könnte man als Begründung für den ersten sehen.	Hypsaeus ihn als Quinquennal haben möchten und dass sie denken, dass er es verdient, die öffentliche Meinung zu vertreten.	Unterart zuordnen, er hat aber auch, aufgrund der indirekten Beeinflussung Merkmale der directiven. Es liegt auf jeden Fall keine direkte Beeinflussung vor, sondern nur ein besonderes Lob, welches zur Wahl beitragen sollte.	erkennt man daran, dass es keinen direkten Aufruf zum Wählen des Kandidaten, sondern ein Lob und eine Empfehlung gibt.	Freiburg in Breisgau, 2009², Seite 131
Polybium aed(ilem) vicini civem bonum fac(iunt)	Die Nachbarn wählen Polybius zum Aedil. Er ist ein guter Bürger.	Ein Satz, grammatikalisch wohlgeformt. Eine Aussage, hinter der sich ein Aufruf verbirgt.	Die Aussage ist, dass die Nachbarn (wahrscheinlich die des Polybius) Polybius wählen.	Der Satz zählt für mich, wie so viele andere, in die asserative und auch in die directive, aufgrund der Meinungsverkündung und der indirekten Aufforderung.	Der Satz ist auf jeden Fall performativ, da sich wahrscheinlich die Intention einer Beeinflussung hinter der einfachen, fast harmlosen Aussage verbirgt.	Verlag Herder (Hrsg.): Weeber, Karl-Wilhelm: Botschaften aus dem alten Rom. Die besten Graffiti der Antike, Freiburg in Breisgau, 2009², Seite 132
M. Lucretium Frontonem aed(ilem) vicini rogamus.	Wir Nachbarn bitten darum, Marcus Lucretius Fronto zum Aedil zu wählen	Auch dieser Satz ist grammatikalisch wohlgeformt. Diesmal haben wir eine direkte Aufforderung in Form einer Bitte.	Die Aussage ist, dass die Nachbarn wollen, dass man ihren Kandidaten, Lucretius Fronto, zum Aedil wählt. Man kann davon ausgehen, dass die „Nachbarn" ihn auch wählen oder gewählt haben.	Dieser Satz ist ganz klar der directiven Unterart zuzuordnen. Er ist direkt durch eine Bitte beeinflussend.	Der Satz ist auf jeden Fall performativ. Weiteres siehe illokutionärer Akt.	Verlag Herder (Hrsg.): Weeber, Karl-Wilhelm: Botschaften aus dem alten Rom. Die besten Graffiti der Antike, Freiburg in Breisgau, 2009², Seite 132
M. Cerrinium aed(ilem) Salinienses	Die Bewohner des Viertels um die Porta	Ein grammatikalisch	Die Bewohner des Viertels	Directive Unterart, da direkt	Direkte Beeinflussung und Bitte zur Wahl des	Verlag Herder (Hrsg.): Weeber, Karl-Wilhelm: Botschaften aus dem

rog(ant)	Salinensis (Salztor) bitten darum, Marcus Cerrinius zum Aedil zu wählen.	wohlgeformt er Satz mit einer direkten Bitte.	Porta Salinensis bitten darum, ihren Kandidaten, Marcus Cerrinius, zum Aedil zu wählen.	beeinflussend durch eine Bitte.	Kandidaten.	alten Rom. Die beste Graffiti der Antike, Freiburg in Breisgau, 2009², Seite 132
Hier folgen noch einige Bitten, die ich nicht aufliste, da sie, bis auf den Wohnort der Nachbarn mit den vorherigen gleich sind.						
L Popinium L(uci) f(ilium) Ampliatum v(irum) b(onum) aed(ilem) d(ignum) r(ei) p(ublicae) oro vos faciatis Urbulanenses rogamus.	Bitte wählt Lucius Ampliatus, den Sohn des Lucius, zum Aedil. Er ist ein guter Mann und verdient es, die öffentlichen Interessen zu vertreten. Wir Leute am Urbulanenser Tor setzen uns für ihn ein.	Ein Satz, die grammatikalisch wohlgeformt sind. Eine Aussage ist anschließender Begründung	Die Aussage ist, dass Schreiber findet, dass sein Kandidat Lucius Ampliatus ein guter Mann ist, der es verdient die öffentlichen Interessen zu vertreten. Ausserdem bittet der Schreiber die Bürger ihn zu wählen.	Ich gehe davon aus, dass dieser Satz in die asservative Unterart gehört, da der Schreiber seine Meinung kundtut. Weiterhin gehört vor allem der erste Satz mit seiner Bitte zur directiven Unterart.	In dem ersten Satz gibt es eine Beeinflussung in Form einer Bitte den Kandidaten zu wählen. Dazu wird noch genannt, dass der Kandidat der Sohn des Lucius sei, der wahrscheinlich eine berühmte oder reiche Persönlichkeit in Pompeji war. [20] Diese Bitte wird im zweiten Satz untermalt, indem der Schreiber betont, was für ein guter Mann sein Kandidat sei, und dass er dieses Amt verdient hätte.	Verlag Herder (Hrsg Weeber, Karl-Wilhelm alten Rom. Die beste Graffiti der Antike, Freiburg in Breisgau, 2009², Seite 132

---

[20] In dem Buch „Pompeji" von Robert Harris ist eine der Hauptfiguren Numerius Popidius Ampliatus, ein reicher Grundbesitzer. Dieser Numerius wurde auch manchmal Lucius genannt. Tatsächlich gab es diese Person. Als der Vesuv im Jahr 62 erodierte kaufte er leere Grundstücke von Geflüchteten und vermietete sie danach teuer.

M. Holconium Priscum Ilvir(um) i(ure) d(icundo) pornari universi cum Helvio Vestale rog(ant)	Alle Obsthändler bitten gemeinsam mit Helvius Vestalis, Marcus Holconius Priscus zum Duumvirn für die Rechtsprechung zu wählen	Ein grammatikalisch wohlgeformter Satz, mit einer einfachen Bitte, allerdings einer bestimmten Berufsgruppe.	Die Aussage ist, dass die Obsthändler gemeinsam mit Helvius Vestalis die Bürger bitten Marcus Holconius Priscus zum Duumvirn zu wählen	Auch dieser Satz ist der directiven unterzuordnen, er ist direkt beeinflussend in Form einer Bitte.	Siehe illokutionärer Akt.	Verlag Herder (Hrsg.): Weeber, Karl-Wilhelm: Botschaften aus dem alten Rom. Die besten Graffiti der Antike, Freiburg in Breisgau, 2009², Seite 136
C Cuspinum Pansam aed(ilem) muliones universi.	Alle Maultiertreiber schlagen Gaius Cuspinus Pansa als Aedil vor.	Ein Satz, der grammatikalisch wohlgeformt ist, statt einer Bitte oder etwas ähnlichem gibt es hier einen Vorschlag.	Die Maultiertreiber schlagen ihren Kandidaten als Aedil vor und tätigen damit einen Wahlaufruf	Directive und asservative Unterart, da eine Beeinflussung in Form eines Vorschlags vorliegt.	Das Wort „wählen" wurde hier sehr geschickt umgegangen, dafür wurde ein sachlicheres, kompromissbereiter wirkendes Wort verwendet, nämlich vorschlagen.	Verlag Herder (Hrsg.): Weeber, Karl-Wilhelm: Botschaften aus dem alten Rom. Die besten Graffiti der Antike, Freiburg in Breisgau, 2009², Seite 136
C Cuspium Pansam aed(ilem) d(ignum) r(ei) p(ublicae) oro vos faciatis Saturnius cum discentes rog(at)	Bitte wählt Gaius Cuspius Pansa zum Aedil. Er verdient es, die öffentlichen Interessen zu vertreten. Saturnius setzt sich mit seinen Schülern dafür ein.	Es handelt sich hier um einen Satz, die beide grammatikalisch wohlgeformt sind. Wieder gibt es eine Bitte und eine Begründung, der allerdings noch beigefügt ist, dass der mutmaßliche Lehrer Saturnius und seine Schüler sich für ihren Kandidaten einsetzen.	Der Lehrer Saturnius und seine Schüler setzen sich dafür ein, dass man den Kandidaten Gaius Cuspius Pansa wählt, da sie der Meinung sind, dass er es verdient, die öffentlichen Interessen zu vertreten.	Dieses Dipint ist sehr beeinflussend, als erstes natürlich durch die Bitte, dann durch die Begründung und zum Schluss auch noch durch den Anhang. Asservative und dirctive	Hier widme ich mich vor allem dem Anhang, der Lehrer und seine Schüler setzen sich für ihn ein. Ein Lehrer war schon damals im alten Rom gebildet und hoch angesehen, somit hatte man die Meinung eines Gebildeten, dem man meistens mehr vertraut, als jemand anderem. Dazu kommen noch seine Schüler, die müssen aus reichen Familien kommen, da sie offensichtlich Bildung empfangen, und die Reichen waren damals hoch angesehen.	Verlag Herder (Hrsg.): Weeber, Karl-Wilhelm: Botschaften aus dem alten Rom. Die besten Graffiti der Antike, Freiburg in Breisgau, 2009², Seite 138
M Samellium Modestum	Epidia bittet darum, Marcus	Ein Satz, grammatikalisch	Epidia möchte,	Directive, da hier eine	Zwei Frauen, die sich für einen	Verlag Herder (Hrsg.): Weeber, Karl-Wilhelm:

aed(ilem) Epidia nec sine Cosmo(?) rogat.	Samellius Modestus zum Aedil zu wählen. Cosmus schließt sich der Bitte an.	sch wohlgeformt. Der erste Satz ist eine einfache Bitte einer Frau [21] ihren Kandidaten zu wählen, daraufhin folgt eine Antwort einer anderen Frau, die sich der Bitte anschließt.	dass man ihren Kandidaten wählt. Cosmus unterstützt sie.	Beeinflussung durch eine Bitte vorliegt.	Kandidaten aussprechen, obwohl sie selbst nicht wählen dürfen. Das kann man als performativ sehen, ist aber jedem selbst überlassen.	Botschaften aus alten Rom. Die be[s] Graffiti der An[t] Freiburg in Breis[g] 2009^2, Seite 144
M Epidium Sabinum Ilvir(um) iur(e) dic(undo) oro vos faciatis Dignum invenem Suedius Clemens sanctissimus iudex facit vicinis rogantibus.	Bitte wählt Marcus Epdius Sabinus zum Duumvirn für Rechtsprechun g. Er verdient es. Der erwürdige Richter Suedius Clemens setzt sich für ihn ein. Die Nachbarn unterstützen diesen Wahlaufruf.	Ein grammatikali sch wohlgeformt e Satz. Der erste Teil ist eine einfache Bitte. Auf diese folgt die Aussage, dass der Kandidat es verdient habe. Daraufhin folgt eine Unterstützun gsbekundung von einem „ehrwürdige n" Richter. Als letztes kommt noch eine weitere Bekundung von den Nachbarn.	Die Nachbarn sowie ein ehrwürdiger Richter finden, dass Marcus Epdius Sabinus es verdient, Duumvir für Rechtsprec hung zu sein und bitten darum, ihn zu wählen.	Asservative und directive. Beeinflussung durch Bitte und „Begründung ", sowie Bekundungen	Hier beschäftige ich mich mit dem Beisatz „ehrenwerter Richter", der vermittelt nämlich, dass gerechte und intelligente Personen den Kandidaten unterstützen, was ihn „schmackhafter" für die Wähler macht.	Verlag Herder (Hrs Weeber, Karl-Wilh[e] Botschaften aus ... alten Rom. Die An[?] Graffiti der An[t] Freiburg in Breis[g] 2009^2, Seite 149
M Epidium Sabinum d(uumvirum) i(ure) dic(undo) oro vos faciatis dig(nus) est. Defensorem coloniae ex	Bitte wählt Marcus Epidius Sabinus zum Duumvirn für Rechtsprechun g. Er hat es verdient – der	Drei grammatikali sch wohlgeformt e Sätze. Der erste Satz ist eine einfache Bitte, darauf	Die Aussage ist, dass der Richter und ein Platzanweis er den hiesigen	Asservative und directive. Da eine direkte Beeinflussung (Bitte) vorliegt, die von einer	Auch hier hat man, wie beim letzten Mal den ehrwürdigen Richter Suedius Clemens der als gebildete Person diesen Aufruf	Verlag Herder (Hrs Weeber, Karl-Wilh[e] Botschaften aus ... alten Rom. Die be[?] Graffiti der An[t] Freiburg in Breis[g] 2009^2, Seite 169

---

[21] In Pompeji haben sich viele Frauen entschlossen aktiv Wahlkampf zu führen, und das auch getan. Und das obwohl sie nicht wahlberechtigt waren. Das zeigt wieder was für ein Wahlkampffieber in Pompeji herrschte.

sententia Suedi Clementis Sancti iudicis consensu ordinis ob merita eius et probitatem dignum rei publicae faciat(is). Sabinus dissignator cum plausu facit.	Verteidiger der Satdt, der sich nach Ansicht des ehrenwerten Richters Suedius Clemens mit Zustimmung des Gemeinderates wegen seiner Verdienste und Rechtschaffen heit als würdig erwiesen hat, die öffentlichen Interessen zu vertreten. Der Platzanweiser Sabinus tritt mit Beifall für ihn ein.	folgt eine Begründung, die sich etwas länger zieht und dann zwei Bekundunge n von dem „ehrwürdige n" Richter vom letzten Dipinto und einem Platzanweise r.	Kandidaten wählen, weiterhin sind sie der Meinung, dass er es aufgrund seiner Rechtschaff enheit und Verdienste verdient hat.	gebildeten Person, einem Richter, unterstützt wird.	unterstützt. Weiterhin ist hier eine weitere Begründung vorhanden, so soll die ordo decurionum (Gemeinderat) die Verdienste und die Rechtschaffenheit des Kandidaten erwiesen haben, was bei den Wählern natürlich Vertrauen in den Kandidaten bringt.	
P Paquium Proculum Ilvir(um) virum b(onum) d(ignum) r(ei) p(ublicae) oro vos faciatis A Vettium (Caprasi)um Felicem Ilvir(um) v(irum) b(onum) d(ignum) r(ei) p(ublicae) oro vos faciatis Digni sunt. Q Marium (Rufum) M Lepidum Sabinum aediles v(iis) a(edibus) s(acris) p(ublicis) p(rocurandis). Digni sunt. S(crip)sit (Os?)sius dealbatore Onesimo.	Bitte wählt Publius Paquius Proculus zum Duumvirn. Es ist ein guter Mann und er verdient es, die öffentlichen Interessen zu vertreten. Bitte wählt Aulus Vettius Caprasius Felix zum Duumvirn. Er ist ein guter man und verdient es die öffentlichen Interessen zu vertreten. Sie haben es verdient. (Wählt) Quintus Marius Rufus und Marcus Lepidus Sabinus zu	Es handelt sich um drei Bitten mit der kurzen Begründung, dass die Kandidaten es verdient hätten. Am Ende verewigen sich noch der Schreiber und der Tüncher. Alle Sätze sind grammatikali sch wohlgeformt.	Bei diesem Dipinto handelt es sich um ein Dipinto, welches von sogenannte n „Werbeprof is" verfasst wurde, daher wurden auch mehrere Personen beworben Weiterhin ist der Beisatz, sein Tüncher sei dabei, vorhanden. Tüncher arbeiteten meistens mit den Werbemaler	Directive, da eine Beeinflussung vorgenommen wird. Da die Werbemaler bezahlt werden, muss das, was sie schreiben, nicht ihre Meinung ist.	Das Dipinto ist durch die Bitten natürlich beeinflussend, weiterhin ist aber auch der Fakt, dass das Dipinto von einem Werbeprofi gemalt wurde, beeinflussend, da dies ein Zeichen von Professionalität ist und daher mehr Vertrauen in den Kandidaten erzeugt.	Verlag Herder (Hrsg.): Weeber, Karl-Wilhelm: Botschaften aus dem alten Rom. Die besten Graffiti der Antike, Freiburg in Breisgau, 2009², Seite 184

Aedilen, die mit der Verwaltung der Straßen und der sakralen und öffentlichen Gebäude betraut sind. Sie haben es verdient. Dies hat Ossius(?) geschrieben, Onesimus war dabei sein Tüncher.	n zusammen. Die Aussagen sind einfache Bitten, Kandidaten zu wählen.			

5. Beantwortung der Fragestellung anhand der vorherigen Kapitel (Fazit)

Natürlich hat die Sprache immer Einfluss auf die Menschen, auch wenn im alten Pompeji der Schwerpunkt auf den Namen gelegt wurde, wurde sehr wahrscheinlich der ein oder andere geneigte oder gelangweilte Leser durch perlokutionäre Aussagen überzeugt, einen Kandidaten zu wählen. Doch mit welchem Akt wurde am meisten gearbeitet und gegebenenfalls auch beeinflusst?

Hier können wir den perlokutionären Akt auf jeden Fall hervorheben, er ist schließlich auch der beeinflussende Akt, dieses Ziel hat er sicherlich auch oft genug in den Wahldipinti getan. Somit können wir festhalten, das schon damals, bewusst oder unbewusst, beeinflussende Sprache genutzt wurde um einen Vorteil bei der Wahl zu bekommen.

Aufgrund der wenigen, inhaltsvollen Dipinti, die gefunden wurden kann man davon ausgehen das diese inhaltsvolle, perlokutionäre Werbung weniger Erfolge brachte, als das blanke Aufschreiben des Namens des Kandidatens.

6. Bibliographie (Literaturverzeichnis)

Krifka, Prof. Dr. Manfred: Sprechakte,
https://www.google.com/url?sa=t&rct=j&q=&esrc=s&source=web&cd=&ved=2ahUKEwj_vajWkPPtAhXS26QKHaP
RDccQFjABegQIBxAC&url=http%3A%2F%2Fwww.sfs.uni-
tuebingen.de%2F~gjaeger%2Flehre%2Fss07%2FsemantikPragmatik%2Fsprechakte.pdf&usg=AOvVaw2ZdZ1z6lQg5
M0a02Zxw6GI, Seite 15, 10

Der perlokutionäre bzw. perlokutive Akt (Sprechakttheorien),
https://de.wikipedia.org/wiki/Sprechakttheorie#3._Der_perlokution%C3%A4re_bzw._perlokutive_Akt , Seite 1
(Kapitel 2.1.3)

Illokution bei Searle (Illokutionärer Akt),
https://de.wikipedia.org/wiki/Illokution%C3%A4rer_Akt#Illokution_bei_Searle, Seite 1 (Kapitel 1)

Der illokutionäre bzw. illokutive Akt (Sprechakttheorien),
https://de.wikipedia.org/wiki/Sprechakttheorie#2._Der_illokution%C3%A4re_bzw._illokutive_Akt, Seite 1
(Kapitel 2.1.2)

Referenzakt (Deutsch), https://www.wortbedeutung.info/Referenzakt/, Seite 1

Prädikationsakt (Deutsch), https://www.wortbedeutung.info/Pr%C3%A4dikationsakt/, Seite 1

Sprechakte Überblick, https://www.teachsam.de/deutsch/d_lingu/pragm/sprec_1.htm, Seite 1

Verlag Herder (Hrsg.): Weeber, Karl-Wilhelm: Botschaften aus dem alten Rom. Die Besten Graffiti der Antike,
Freiburg in Breisgau, 2009², ,

BEI GRIN MACHT SICH IHR
WISSEN BEZAHLT

- Wir veröffentlichen Ihre Hausarbeit,
  Bachelor- und Masterarbeit

- Ihr eigenes eBook und Buch -
  weltweit in allen wichtigen Shops

- Verdienen Sie an jedem Verkauf

Jetzt bei www.GRIN.com hochladen und kostenlos publizieren